Lydia Campa

Ausländer Gedichte

DIESES BUCH GEHÖRT:

NAME:

NACHNAME:

GEBURTSDATUM:

LYDIA CAMPA

EINE SAMMLUNG MEINER GEDICHTE

Bibliografische Information der Deutschen Nationalbibliothek: Die Deutsche Nationalbibliothek verzeichnet diese Publikation in der Deutschen Nationalbibliografie; detaillierte bibliografische Daten sind im Internet über dnb.dnb.de abrufbar.

Herstellung und Verlag:
BoD – Books on Demand, Norderstedt

ISBN: 978-3-7504-5101-8

Ausländer Gedichte:

1248 Wörter,
6060 Zeichen (ohne Leerzeichen),
7356 Zeichen (mit Leerzeichen),
61 Sätze,
20,5 Wörter pro Satz im Durchschnitt
und ein paar Bilder.

Vielen Dank an Florian.

ICH WILL

Ich will mich kennenlernen.
Ich werde mich kennenlernen.
Ich kenne mich.

2

Du

Ich.
Wir.
Uns.
(Zwischen zwei Räumen.)

GRAUWEISS

Machen ist das neue Denken.
Liebe ist unsere Rebellion,
Dein Hass ist deine Schwäche.
Kalte Asche.
Tod ist Neuanfang.

FREI

Wir sind,
endlich Luft.

Es ist Zeit

Unsere Uhr zeigt dieselbe Stunde.
Ich kenne dich nicht,
ich kenne „uns".

OZEAN

Sei dein eigener Halt.
Lass nicht zu,
dass die Strömung dich treibt.
Richtung Angst.

Bleib dir treu
und suche dich,
finde dich tief,
unter Wasser.

Kurz

Ich kann.
Soll ich?

SEQUENZA

$\longrightarrow$ $\longrightarrow$ $\longrightarrow$ $\longrightarrow$

INTUITIVO
PARALLELO
$\longrightarrow$
$\longrightarrow$

SI INSERISCE IN
CONTESTI
REGOLE SEMPLICI
EURISTICHE INCONSAPEVOLI

LEBEN

Fettige Haare,
doch klare Gedanken.
Durch Schwäche erkenne ich meine Kraft.
Ich verlasse meine Sorgen,
denn jeder stirbt alleine.

IHR FÜR MICH

Ohne euch gäbe es kein „mich".
Ein Block Ton ohne Form.
Wie ein Samen ohne Erde.
Wie das Leben ohne Wasser.

Durchschaubar

Schweigen ist Reden.
Hassen ist versagen.
Ich will nicht mehr sehn, was du sagst.
Gedanken Markt,
ich werde dich nicht verkaufen.

NÄHE

Lass mich nicht in Unruhe ruhen.
Gestalte mich neu.
Vermisse mich.
Aber vergiss mich nicht.

NÄSSE

Ich ersticke
an deinen Gefühlen.

Wir sind eins,
ohne Besitz.

Ich spüre uns.

RUHEN

Ich will sterben.
Den Augenblick festhalten.
In Schönheit ruhen.

WANDERN

Wo
gehst du
heute spazieren
mit deinen Gedanken?
Du schaust mich abwesend an
und sprichst,
verschlüsselt,
Richtung Himmel.
Voller Rätsel.

NICHT SICHER

Wie soll ich dir berichten,
was in der Unendlichkeit passiert.

FREIE WÖRTER .

MEIN SCHATZ

Ich bete die Angst weg.
Amore mio.
Wo bist du?
Sag bitte Bescheid, wenn es für heute vorbei ist,
denn ich kann es nicht.
Ohne deine Antworten
haben meine Fragen kein Sinn.
Ich habe dich überall gesucht.
Hinter jeder Kante.
Aber ich laufe im Kreis.
Hinter jedem Schatten.
Um 12 Uhr nachts.
Unter jedem Stein.
In der Wüste.
Ich greife nach dir,
Schnappe das Nichts.
Ich packe meinen Rucksack.
Begebe mich auf Schatzsuche.

ÜBER MICH

Deine Sätze fließen von rechts nach links.
Wo liegt dein Anhaltspunkt?
Du kümmerst dich nur um deinen Kummer.
Läufst die Treppe hoch und runter.
Begibst dich immer zurück zum Start.
Ungeduldig betrachtest du das Leben vor dir,
lässt dich vom Wind treiben.
Machst kein Schritt nach vorne,
drehst dich nur im Kreis.
Wo willst du hin?
Ohne Erwartungen führst du deine Schritte
und deine Tragödie weiter.

Die Gegenstände erwachen,
füllen unsere Welt.

CANNE   CANNE   CANNE
CANNE   CANNE
CANNE
CANNE   CANNE
CANNE   CANNE
CANNE   CANNE

VISA

AUF WIEDERSEHEN

Gute Nacht Kuss.
Wir hatten beide kein Zuhause,
Wir konnten uns beide nicht helfen.
Es tut mir so leid,
doch es war die richtige Entscheidung.
Zwei Chaos, die sich treffen,
Ordnung war kein Thema für uns.
Wir kannten uns selber nicht,
haben uns in gefährliche Gebiete begeben.
Ins kalte Wasser geschmissen.
In die Tiefe unseres Empfindens gegangen,
ertrunken.
Eine Liebe ohne Grundriss gebaut.
Sind an unsere Grenzen gekommen.
Uns bemitleidet.
Haut getauscht,
Liebe gemacht,
und es beendet.

ALTE DAME

In der Bahn.
Eine Frau.
Zwei glasige, weit offene Augen,
trockener Mund,
weiche Falten,
die Hände grob.
Verzweifelt schaut sie nach oben,
dann nach rechts,
dann nach links.
Tränen in ihren Augen,
Sie lässt sie nicht tropfen.
Die Lippen zittern.
Atmet ein.
Schnieft.
Findet kein Halt.
Sucht nach Vergeben.
Flüstert weise Wörter.

WITWE

Spuren von Liebe, Trauer und Angst.
Rost in den Augen.
Es brennt kein Feuer mehr.
In ihr nur die Stille.
Ein Kreuz im Herz,
Eine Schnur am Hals.
Die Hände auf ihrem Schoß.
Bitter ist ihr Leben.

OSTEOPOROSE

Kleine Hoffnungen auf der Straße,
Rheuma und Schmerzen,
zittrige, feuchte Hände.
Er gibt nicht auf.
Gott ist heute für ihn da.
Führt Gespräche mit der Hölle.

HARE KRISHNA
HARE KRISHNA
KRISHNA KRISHNA
HARE HARE
HARE RAMA
HARE RAMA
RAMA RAMA
HARE HARE

SONNENUNTERGANG

Der Himmel ist schön.
Schmackhaft.
Jede Sekunde.
Jeder Kilometer, den wir fahren:
Neue Strähnen,
neue Farbe.

Wie der Herbst,
wandelbar.
Der Horizont ist weit,
unsere Reise bringt uns heute heim.

Es leuchtet.

Ein Traum.

Die letzten Strahlen,
sie brechen die grauen Wolken.
Die Sonne verlässt uns schnell.
Schneller als unser Auto.

Sie ist jetzt tief;
Nicht mehr im Mittelpunkt.
Majestätisch verabschiedet sie sich
und spiegelt sich.
Beleuchtet heute Nacht den Mond.

LEERE ZIMMER

Unsere Liebe fängt an weh zu tun.
Die Leichtigkeit ist verschwommen.
Du sitzt auf deinem Sofa,
ich schau dich an.
Betrachte dich.
Sieh zu, wie ich mich quäle.
Die Gefühle scheinen verwelkt.
Das Licht wird schwach.
Auch heute hätte ich lieber gefastet.
Im Ende,
was soll es, wenn du mich nicht willst.

STILLE

Es gibt Gründe,
um nicht zu reden.
Wir atmen die Stille ein.
Zeitlose Gedanken.
Schweben wie Staub.
Überall.
Wir gehen das Risiko ein, sie auszusprechen.
Sie werden schwer.
Opfer unserer Welt,
wir geben ihnen Namen,
interpretieren sie tausende Male anders.
Widersprechen uns selbst.

Steuer das Boot,
während ich sinke.
Überlasse dir die Route.

Ich habe Angst um mich.
Schatten und Licht.
Tickende Zeitbombe.
Verbotene Gefühle.
Klingen im Kopf.
Süße Tränen.
Leben Karussell.

Die Wahrheit

Auch wenn alles stimmt,
kann etwas falsch sein.

Die Kippe raucht sich alleine auf.
Das Leben beurteilt mich,
weil ich mich tot fühle.

Hass positiv.

Dieselbe Wahrheit.
Aus einem anderen Mund.

Küss mich am Hals.

Laufe zur Unendlichkeit.

Sabotiere mich alleine.

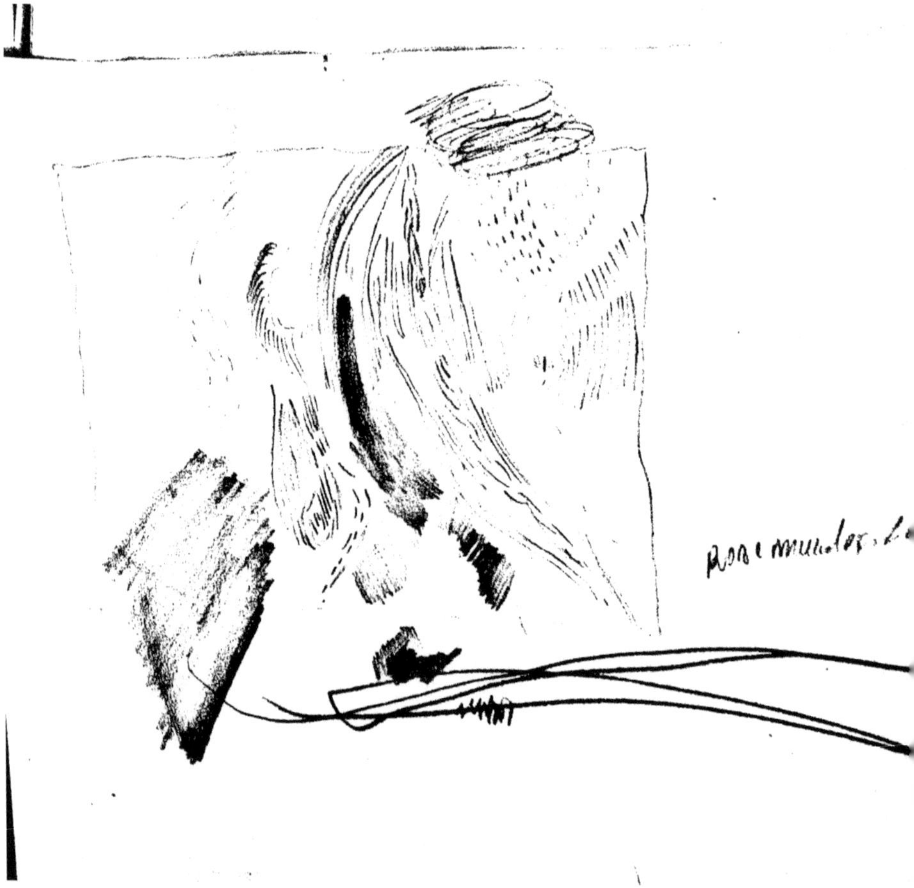

Missverständnisse.
Schlechte Gewohnheiten.

Stille Nähe.

Ich nehme, was du mir anbietest.

DURCHSICHTIG

Zerbrechlich wie Glas.

Lässt mich fallen.
Sammelst Splitter,
schneidest dich.

AUSTAUSCHBARKEIT

Ähnlichkeiten binden uns,
distanzieren uns.

WÜRZIG

Lügen,
Verflechtung von Worten und Gefühlen.

Durstig nach Liebe.

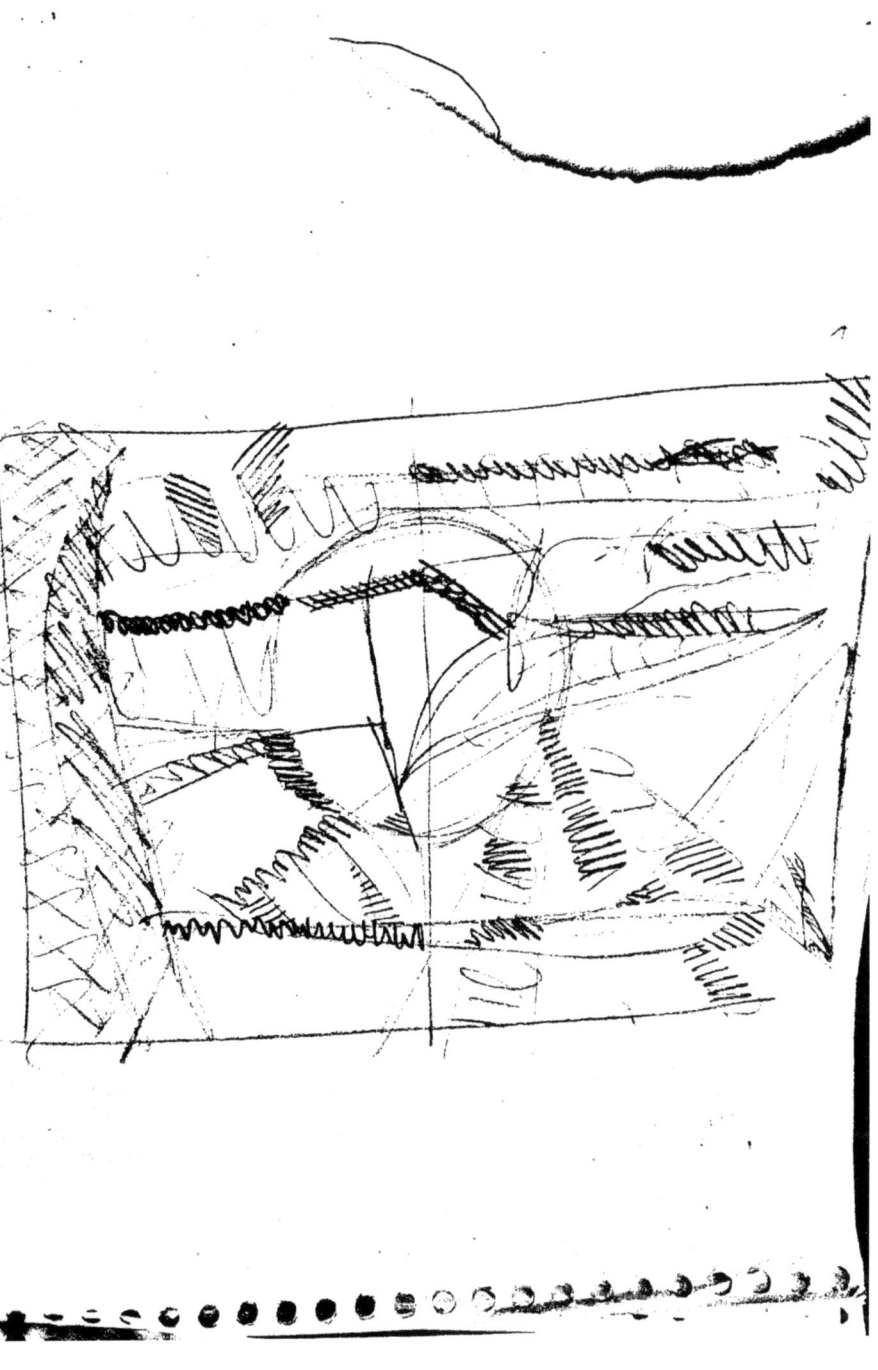

Baby,
you look so ugly since I left.

Ich weiß, dass wir beide verzweifelt an uns denken.
Gebrochene Herzen schweißen sich nicht zusammen,
wie zwei linke Schuhe,
gleich aber nicht kompatibel.
Ich liebe unsere Fehler.
Doch fühle mich davon erstickt.
Deine großen Hände können mich nicht halten.
Es prägt sich in mir ein,
wie ein Mantra.
Ich wiederhole es in mir.
Hatha, Sonne und Mond.
Ich will abwesend da sein.
Was immer wir versuchen,
wir machen es nur schlimmer.
Zwischen uns große Lücken,
die niemand anderes füllen kann.

Ich will dich
(nicht).

Wie hört sich ein gebrochenes Herz an?

Die nackte Wahrheit.

Dentro e fuori la scuola

2a generazione

1° ricongiungimento famigliare

3ro mondo foe crin
mo alle radici
mo ol cuccum

DIE ANDEREN

Die anderen haben uns beneidet.
Falsche Gefühle.
Schlaflosigkeit.
Urlaub im Krankenhaus.
Um dich zu vergessen.
Leere Gespräche,
unendlich lang.
Hypnotisiert.
Künstliche Momente,
synthetisch hergestellt.

Fick mich bis ich atemlos bin,
lass uns zusammen Drogen nehmen.
Lass uns die Stadt zerstören.
Straßenleben.
Dreckige Schuhe.
Adrenalin in den Adern.
Geruch von Pisse.
Eiter im Herz.
Hass positiv.
Brechen wir alle Regeln.
Ziehe dich aus.

Am Abgrund.
Fickst mein Kopf,
Lässt mich auf meine Knie.

Gott, wo bist du?
Ich heule um Vergeben,
Liebe hat mich zerstört;
Er hat mich verlassen.

Immer alleine.
Druck im Kopf.
Will was fühlen.

Die Nacht küsst mich auf die Stirn.
Stur.
Wechselhaft.

Steine werden Sand.
Kontrollverlust.
Immunsystem sinkt.
Schutz Barriere.
Baue Mauern auf.

Ritze neue Namen in meinem Herz.
Noch 'ne Dosis,

will diese Gefühle loswerden.

Lache laut;
Du hasst mich jetzt.

Sagst ich spiele.
Habe dich verloren.
Habe mich verloren.
Habe uns verloren.

Die Sonne geht wieder auf.
Ich liege im Dreck.
Zähle meine Fehler.
Blind durch den Tag.

Höre ein Echo:

„Es ist vorbei".

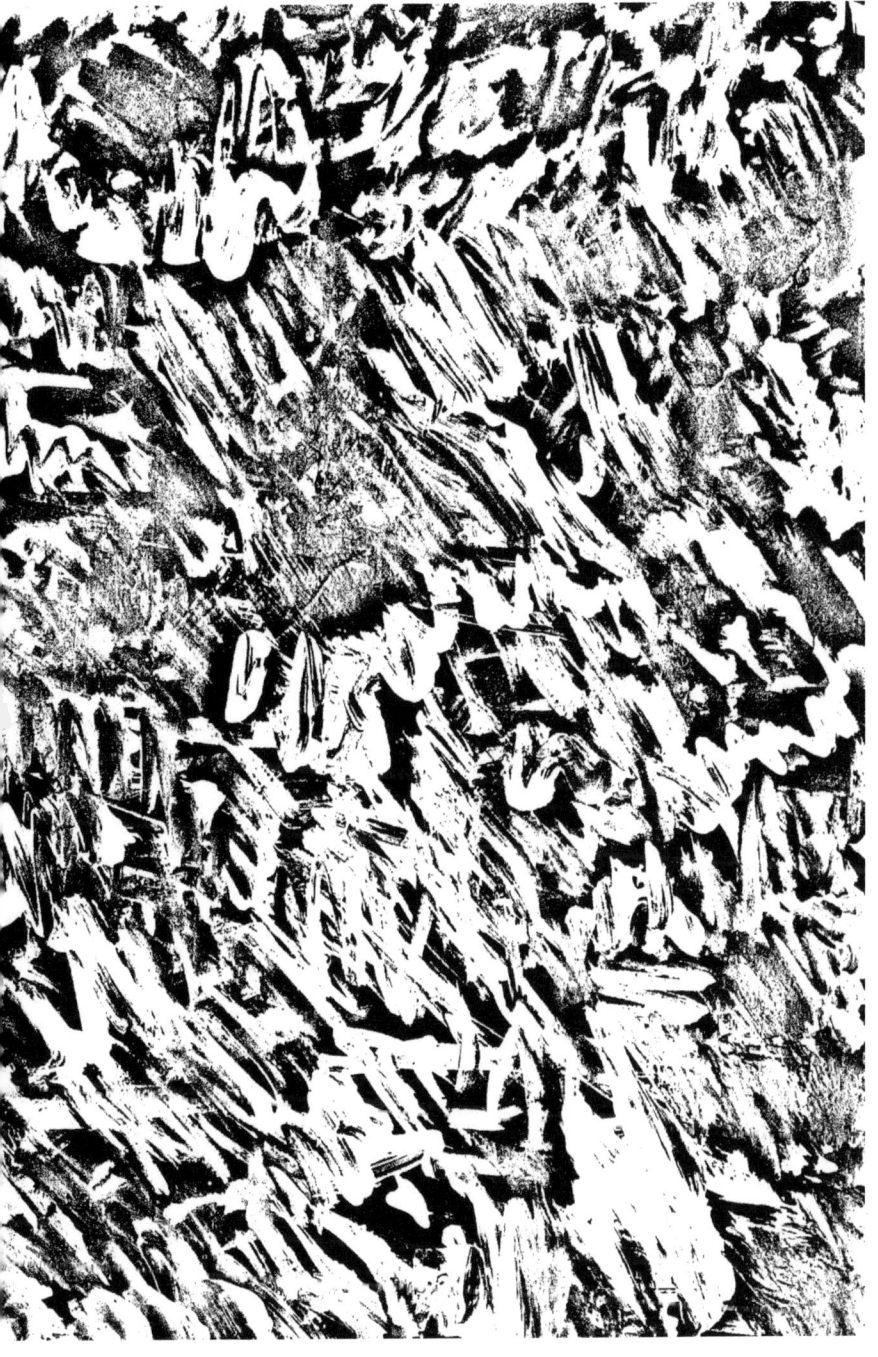